Noches del mar de Bottnia

Gösta Ågren

Traducción directa del sueco de Roberto Mascaró

ediciones encuentros imaginarios

EDICIONES encuentros imaginarios - SIESTA FÖRLAG

ZONA ARKTIS

1. 29 JAICUS Y OTROS POEMAS de Tomas Tranströmer, 2003
2. ELVIS, ARENA PARA EL GATO Y OTRAS COSAS IMPORTANTES, 2003
3. LA CASA ES BLANCA de Jan Erik Vold 2008
4. YO HE VISTO ESTRELLAS QUE DEJARON DE APAGARSE de Nils Yttri, 2009
5. ESPERANTO DEL CUERPO de Birgitta Boucht, 2009
6. EL PAÍS QUE NO ES de Edith Södergran, 2009
7. LUEGO DE NOSOTROS, SIGNOS de Tor Ulven, 2009
8. RUIDO de Tone Hødnebo, 2010
9. LLUVIA EN/ REGN I HIROSHIMA de Tarjei Vesaas, 2010
10. IDEALES EN OFERTA de Henry Parland, 2010
11. ABIERTO TODA LA NOCHE de Rolf Jakobsen, 2010
12. DE HABITACIÓN EN HABITACIÓN Sad & Crazy de Jan Erik Vold, 2011
13. LA REALIDAD MISMA de Gunvor Hofmo, 2011
14. MARIPOSA de Birgitta Boucht, 2011
15. POEMAS SELECTOS de Gungerd Wikholm, 2011
16. ESPEJOS QUE HUYEN (bilingüe) de Rabbe Enckell, 2012
17. MINIMUM de Anne Bøe, 2012
18. DIJO EL HACEDOR DE SUEÑOS (bilingüe) de Jan Erik Vold, 2014
19. PIEDRAS Y LUZ de Peter Sandelin, 2015
20. DOCE MEDITACIONES de Jan Erik Vold, 2015
21. ALCE de Jan Erik Vold, 2015

ZONA SIESTA

1. MALMÖ ÄR EN DRÖM av Tomas Ekström, 2011
2. BERING OCH ANDRA DIKTER av Luis Benítez, 2012
3. DE TRE SENASTE ÅREN av Jorge Fondebrider 2015
4. EN VISS HÅRDHET I SYNTAXEN av Jorge Aulicino, 2015
5. BORDERLINE av Andrés Norman Castro, 2015

Noches del mar de Bottnia

Gösta Ågren

Diseño gráfico de Interior y Exterior: Daniel Telles
encuentros imaginarios-Siesta förlag
Malmö, 2015
Encuentro – Poesimöte
Bergsgatan 13 A
211 54 Malmö
Suecia
ISBN: 978-91-87261-02-2

Edición realizada con el apoyo de agencia de intercambio de literatura finlandesa (FILI)

F |
L I

"L'arbre se sauve en laissant tomber ses feuilles" (El árbol se salva dejando caer sus hojas.)

Jean Pierre Jouve

PRÓLOGO

Noches del mar de Bottnia creció a la sombra del diagnóstico glaucoma, el 12 de mayo de 2004. El poema se volvió una ventana hacia desolados y claros paisajes, que no había visto antes.

Nos levantamos y volvemos el rostro hacia las nubes negras y las sombras. Allí estamos, y la tierra tiembla.

Llamar a esto "trabajo de duelo" o "terapia" sería reducir la imagen del destino humano.

Durante largas noches de invierno, en una casa de campo en Österbotten, el poemario fue creado. El título es inspirado en un libro de alrededor del año 150, *Noches áticas* de Aulus Gellius, escrito del mismo modo, "longinquis per hiemem noctibus in agro terrae Atticae".

OTOÑO

HÖISAL *
Nocturne

Un navío, dibujado con
sombra, navega en mar
de piedras hasta apagarse.
El tatuaje del cielo de la tarde
se descompone lento
y luego muestra mi oscura
esfera de reloj, ya no
horas y minutos, solo

el tiempo. La luna cuelga
torcida, una gastada
sonrisa, que durante la noche
será martillada hasta el cero,
hasta ser una hoz sobre el otoño
y los vientos de la tierra.

* *Höisal es una laguna de la región de Österbotten, Finlandia*

DESTINO

Es como si granjas
y rostros se apagasen
cuando los abandonan. Parece
nítido que las paredes y
los pensamientos no están dirigidos hacia afuera
sino hacia adentro, hacia los humanos en
las casas y las ideas. Las cabañas
o las teorías no protegen;

son vidas. Cuando ya no
hay nada allí,
el fuego arde en el hogar
y el flamear del tratado,
palabras sin
tiempo o luz.

EL SENTIDO DE LA HUIDA

Recuerdo los ojos de Bläsen, salvajes
flores, cuando se asustaba.
Nada lo amenazaba, pero
el terror era un arma
contra ruidos que asustan, también
el gran sonido, el silencio. Ahora
después de decenios, yo mismo
he intentado huir de

la gris, muerta ceniza
en algunas palabras, y sé
que la huida no es
desaforada, sino
libertad, ¡un grito
contra inmensidad y nubes!

CONOCIMIENTO HISTÓRICO

"La juventud es un pasado eterno"
 (Hans Ruin)

Con cada nueva generación
despierta la energía latente
del crimen. La energía es

verdadera: se compone de cuerpos
y amigos. Una tendencia animal
crece con obediencia. Dogmas,

medallas verbales, se impregnan.
El líder comprime
el futuro hasta hacerlo exigencia

y a la historia la vuelve teoría.
En esa situación solo puede
salvarlos una derrota.

RESPUESTA

"La cautela es una virtud;
¡no deja ninguna posibilidad sin probar!"
"Responder protege, pero
¿qué voy a responder a este
mensaje de arrastrarse como la jungla
se arrastra dentro de sí misma?"

"Es a tu miedo al que temes".
"Sí, un sentimiento es una cosa
que ya de antemano
toca al humano con
su silencioso
verbo".

"El sentido de la vida es
buscarlo. Encontrarlo
es como perderlo".
"Mira mi alma en el espejo;
la lógica es un tiovivo
sin ti".

PALABRAS

Las palabras no son ropas
de un contenido. Ya
lo muestran las muñecas del niño,
que las ropas no ajustan. Las palabras
son gramática, que deja afuera
los calambres irregulares del grito
y el sentido gris
del silencio. Son

el bastón blanco con el cual
vacilamos sobre nuestros recuerdos.
Son desamparadas como minutos
sin hora. No vienen
desde un contenido.
Lo buscan.

VISIÓN DEL INSOMNE

Como gasa en la herida
descansa la blanca
luz de la luna que mitiga
sobre el peso de la tierra
y la inquietud y hondura
de los que duermen.

JUNTO A LA COSTA

Los peces, pensó él,
se han ahogado con el agua.
Son sus almas
que se deslizan alrededor, mudas
copias de los cuerpos muertos.

Y él pensó: Somos
nuestro silencio. Las palabras
pertenecen al papel.

EL JUICIO

Él confesó, sin palabras como
un animal o un cuerpo,
y la falta de resistencia
paralizó la acústica
en la sala del tribunal. Insonoras
ondas de acusaciones
fluyeron con su contenido
pasando junto a su conciencia.

Si las acusaciones no hallan
fuerza, se vuelven réplicas
sin pieza teatral. En el anochecer
teatral era él otra vez
ese que solamente atraviesa
su papel, una valla
de gestos mecánicos
entre cuna y tumba.

Él guardó sus apuntes,
porque nadie se arregla
del todo solo, con el recuerdo
del calor se entibió
y las luminosas fanfarrias
se oscurecieron hasta ser lanza, cuando
él se alejó, inaccesible,
entre nombre y sombra.

SUEÑO Y DÍA

Sabes que es un sueño
que te investiga en la penumbra.
Tú ves la masa de rojos
músculos, que otorgan la misma fuerza
al sufrimiento y la tortura, pero
no logras apagarla con piel
en donde yaces, un pensamiento
fijo, profundamente bajo el sueño.

En el regreso tiemblas
como un liberado. El viento matinal
va por las semillas, una ola
de ese arcano, cuando nada
era casual. Ahora
como entonces, la fuerza
es prisión y solo el poema
logra protegerte de
tu existencia.

LA HUELLA QUE DEJAMOS

La huella que dejamos
es tenue: una casa o
un libro, un refugio
hacia el anochecer. Recordamos
algunas palabras casi dichas.
Quisimos todo, pero el verano
nunca estuvo inmóvil:
se marchitó

como si alguien lo absorbiese.
Cuando llegó el otoño, el sol se sublimó
como la luna, ese
disco pálido sobre todo
lo muerto. La muerte no se detiene
junto a su victoria. También
cesa. No hemos
conseguido vivir nuestra vida

sin consumirla.
Temprano está el alma terminada
y la biografía refleja
la única forma indirecta de
eso que queda, cuando todo
se ha perdido. Del mismo modo
caen las hojas y permiten
al árbol ser de nuevo
él mismo.

UNA NOCHE EN SKOMMARS

Para Per Helge,
24 años después del primer
encuentro de poemas en Hallstaberget

Las grandes noches son
torres sobre la vida. Tranquilo
como un monumento
está él en el patio, bajo
el mapa del cielo nocturno,
donde los continentes arden
en cósmica zona despoblada.

Cuando las palabras se han olvidado, todavía
recordamos la conversación. Queda allí
como un poema sobre el ritmo de las voces
y las sombras que apuntan
y el tiempo del enorme árbol
de la granja, que sucede
en lo alto del nuestro.

Para nosotros, los años sucumben. En ceniza
termina cada verano. Se puede
resistir también entonces, cuando
la realidad oculta todo
en torno a nosotros, pero exige
estos instantes, ¡poemas
o conversaciones!

OTOÑO DE 1945

La nube ha llovido. Ahora
se abre un pozo azul.
Desde su fondo mira
un niño hacia arriba.

La noche es gráfica
sin nieve. La liebre blanca
va entre los mármoles
de los abedules. También eso

que pasó, sucede.
Un paño demorado
de
humanos se mueve:
un cienpiés con

su cuerpo invisible
de nombres es llevado hacia
lo que espera
sin nombre.

Los niños saben todo. Ellos se esconden
por su conocimiento, pero no tienen
otro escondite
que el juego. Ese niño

del que trata este poema,
notó, que también el juego exige
crimen; uno puede solo ser salvado
de un peligro.

DICIEMBRE

LA PRIMERA NIEVE

El coche se atascó. La cadena
del motor se comprime en chillido.
Mientras el color de protección brilla
como ceniza que un último
arado con laS hirvientes banderolas de las alas hacia
el Mediterráneo, donde el presente es continuo
entre los siglos de las costas
y estados. Alto sobre la fiesta de poder
de Europa vuelan los pájaros.
El pensamiento los sigue, una débil
máquina auxiliar sin ropas
ni cuerpo, mientras el yo
lucha en la nieve como si
este fuese el sentido
o la meta.

EL DIAGNÓSTICO

Paralizado de defensa
o soledad. Comenzó
a pensar en la libertad del trabajo rutinario,
en lo que no se hace
para evitarla,
sino para tener
domicilio y ritmo. Si

los libros un día se silencian
bajo la rota escarcha de la visión, hasta que solo
paredes
y memorias queden

de los años, es entonces la rutina
mágica como todos los movimientos, la única
ceremonia protectora
¡entre vida y muerte!

EL CAMINO EN LA ESTEPA

El aguardiente se agrisó
en el vaso. Él está sentado
junto a la ventana, hacia la estepa.
No tiene aspecto alguno;
los mojones ilustran solo
su tamaño. La ceguera es
un contenido que no puede
ser descrito. Para el poeta
el paisaje nunca ha sido
autorretrato, lo que
hay dentro tuyo, que temes
sin alternativa, eso,
lo que recuerdas mientras
vives, milla tras milla,
pero cuando eres atacado por la oscuridad
o el vacío, se apaga
la simbología y ves
tu existencia, un espejo
sin rostro.

YA

Ahora, cuando el alba
apaga las estrellas con
luz, en este cierre metálico
de día, en un relato
más grande que la historia,
alguien entiende, que eres
tú o yo,

que un viaje de descubrimiento
¡no puede tener ninguna meta!

ATEMPORAL

En el castillo, hoyos
en el pedregal, también había cálidas
esclavas pecadoras, que
añoraban otra clase de dicha
más que protección, pero desde la comarca
subió como marea
una ola de miradas
por los muros hacia el poder de la

cima. En este hecho,
de que tú existes, descansa la sociedad,
y ella, que también se alza,
debe ser cambiada. Ya
en Ítaca mataban
a las mujeres.

EN LA SOLEDAD

El gran sentimiento soledad
es una noche de victoria. Consuela
como el pensamiento vacío o juicio.

EL SENTIDO

Claro e invisible
como una vigilia sobre el día
es el sentido de la vida.
Nadie puede vivir o morir
mañana. Nadie puede recordar
sino ahora. El sentido de la vida
es una respuesta sin
pregunta.

CLAUSTROFOBIA

La claustrofobia no es
incurable, pero si la habitación
carece de paredes, nadie puede
abandonarla, y por eso
nadie puede curarse. También el tiempo
se compone de un ahora, en que el reloj sonando
marca el paso.
Ni siquiera la vida
tiene otra pared
sino la última, pero
en la celda cerrada
uno puede arrojarse
ciegamente contra la puerta. Obligándola
a no ceder, uno se hace
al fin
libre.

GLAUCOMA

Es como si el ciego
viese hacia adentro, con ayuda de
el rayo de luz del bastón blanco
que tantea. Él oye los livianos
pájaros, y ve: esqueleto,
ardiendo en plumas. Va
por un silencio de asfalto,
y ve: campos nuevos. Sí,
allí donde él camina lento,
él ve con sus memorias. Aun
piensa: el Olvido

es más grande que la memoria, un espacio
para derrota y herida, un deshecho
día de verano, donde nadie
se mueve en la suave,
olvidada luz.

EL ERMITAÑO EN EL DESIERTO

La vida estaba vacía
como una habitación. No encontré
otra puerta que
la soledad. El desierto
que rodeaba esto,
era sin embargo brillo
superfluo: claro que está

en todas partes, también
allí donde aún se oculta
bajo hierba
o cuidado social.

Envoi:
No es necesario ningún otro sitio
que la huida, esa defensa
contra el futuro, esa
súbita hora,
¡ese no!

EL CAMINO DEL CHAMÁN

Esta profundidad de concreto,
este hierro cargado de
desconocidos minerales, su oscuridad,
sangre negra. El cielo se compone
de una pared palpitante
y el suelo es una costumbre
que debes conservar
con tus pies. Cada encuentro
es lento y real
como el dibujo de un símbolo.
Las raíces se vuelven tiempo
reunido; los insectos fríos
existieron un día. Durante
el viaje desde la conciencia
a la ceniza recuerdas
al niño, el dios
perecedero que te creó,
y sospechas una ausencia de culpa
que espera,
indiferente.

MEDIO INVIERNO

INSOMNE

En tiempo y espacio hay también
un tercero, el sueño. Lo espero
como un animal
en su alma. En la ventana
cae nieve, que simplifica
el enigma, hasta que está lista
para la escritura
del tráfico matinal.

Pienso en mi vejez
dentro de mí. No se
mueve. Está quieta.
Del mismo modo yace
un avión inmóvil
dentro de la velocidad. Sin embargo
el metal se cansa.

A las tres la ciudad
está silenciosa como un mapa.
En la explanada están
los árboles, florecientes
de nieve. ¿Sueño
o estoy despierto?

COLOQUIO

A través de la oscura habitación
brilla blanco de invierno el vodka
en su alto cuello. El enfermo
habla: "Cada amanecer parece
una prenda de vestir, que se agrisó
de innumerables lavados. La noche
es el único futuro. Que yo
todavía persista, es la condena
por persistir".

La habitación, un ser más grande que
sus personas, eligió
callar, pero uno de las cuatro
apartó la mirada del relato
en el fuego y protestó
contra las palabras y el silencio.
"Mi enfermedad", dijo él,
"es defensa, y ¡cada día
una victoria!"

DÍAS Y NOCHES

Somos la sociedad. Con
horario y coraje tomamos
los días mutuos. Creemos
que podemos alcanzar otro
mundo llamándolo
futuro. Recostados sobre
el trabajo y la muerte hemos
sido tan cegados, que ni
el tenso vacío de la Nada
nos hace levantar la mirada
por horas y conversación vacía hacia
el ahora, milagro
en todas las lenguas. Nos dormimos
al fin, y entonces, en realidad,
nos damos mutuamente la noche,
la profundidad bajo el día.

NO HAY CAMINATA

La vida no es línea recta
entre las fuentes ciegas
nacimiento y muerte; es
un instante junto a su franja
antes de que la eternidad vuelva
a unirse otra vez.

TAMBIÉN AQUÍ

La vejez es alba,
una mañana hacia la muerte.
Mientras recuerdas la floreciente
canción de la cascada bajo
un cielo, salvaje de nubes,
y la gaviota rozando el mar
como un diente volador,
que toca las enormes
labios, miras sobre
este nuevo paisaje sin viajes
y diario como si fuese
el mito bajo la finalmente
domesticada vida. Contra

ese vacío pones tú
indiferencia, que no
es protección sino
¡una fuerza! También aquí
se lanza la furia gris
de la mañana contra ojos doloridos,
pero la noche también tiene aquí
profundidad para todos.

EL MAR

¿La vida? Sonrió a medias. Somos
víctimas secundarias de un ritual
bajo la ausencia de dios. Las tinieblas
nos ven, la luz nos ciega.
Podemos luchar solamente así
como una masa de mar que se arrastra,
que incambiada y encerrada,
lucha. ¿La vida? Cuando

el corazón sigue resoplando
como si hubiese olvidado algo,
la pregunta cesa. Tú quedas en calma,
un actor sin otro
parlamento que su nombre. Inmóvil
descansa el decorado del mar.

CUERPO
Cinco definiciones

El cuerpo es el otoño ardiente
que precede a la muerte. No protestes;
el tiempo es libertad; eternidad, celda.

*

Escucha contra un pecho; esa
tormenta de sangre es un yo;
¡La máquina tiene un dios!

*

Eso hace una vaina gastada:
allí dentro enfermedad y sentimientos,
¡como aquí afuera se seca en arrugas!

*

El cuerpo es El Otro,
¿pero quién lo escribe
con la misma mano?

*

Pétalos levantados de ojos;
caderas acarician sus ropas.
¡El cuerpo es libertad!

LAS TRES QUEJAS DEL PRIMER HUMANO

A la memoria de R.S. Thomas

"¡Claro que me ven! Necesito
un rostro." El Creador arrancó
sombras de la tinta no usada de
la oscuridad, y bosquejó
un refugio. "Las palabras son solo
un primitivo idioma auxiliar."
El Creador dijo: "Es tarde;
¡escuchad mi silencio!" Sí,
ella lo escuchó, más allá de
todas las voces desesperadas, que
camino a casa desde el bar
con aullidos trataban
de humanizarlo. Entonces
ella se animó a expresar desde
su más profundo salvajismo: "¡Claro que
la vida es una pausa!" Nada
continúa."Dentro de ella dijo
el Creador: "El conocimiento crea
un camino sin fin. Seguidlo
-¡hasta la meta!"

PERO

Envejecer no es
dejar nada, sino
bajo la resistencia de la nube del ahora
volverse, y revisar
su vida, un libro aun no leído. ¡Todo
lo que contiene
permanece!

CÁRCEL

En la cárcel es la libertad
el castigo real:
la recuerdas siempre.

Por esto lo que corresponde
es recordar en cambio
el cielo estrellado,

el sello inalcanzable
que rodea la tierra. Todo
está encerrado.

EN EL MEDIO INVIERNO

El cambio no sucede.
Es un hecho, no
una llegada. La caza
de la luz en la oscuridad
o la sangre sucede como antes,
pero los conos de los faros del coche se han
petrificado y los ojos sangran
solo lágrimas ahora, y la hora
resbala como un descanso por
los segundos hirvientes.

El viento Norte yace calmo
en forma de helada. La defensa
se encoge hasta ser un aspecto
del enorme enemigo.
Estamos en un vestíbulo
de leyes y sufrimiento,
donde lo inmóvil dentro de nosotros,
eso, en lo que nos hemos transformado,
espera su escritura.

Pero el portal está abierto
ya, sin advertencia
mene tekel**. No hay
mano que
aclare; no hay siquiera
esa indiferencia que es llamada
castigo o clemencia. Todo, lo que hay,
es esto.

** *Expresión bíblica, DANIEL 5:25*
MENE: "Ha contado Dios tu reino y le ha puesto fin".
TEKEL: "Has sido pesado en la balanza y hallado falto de peso".
UFARSIN: "Ha sido roto tu reino y dado a los medos y persas".
Según el relato bíblico, Babilonia fue invadida y Baltasar muerto esa misma
noche, y el medo Darío se apoderó del reino.

MARZO

HISTORIAL

Hoy está el cristianismo inmóvil,
pero un día los humanos
llevaban sus símbolos
del ahora al ahora. Bajo
el poder de Roma y el viento
vacío creció un rezo mudo
de piedad y misericordia
hasta que los humanos fueron
más grandes, más profundos
que los dioses, y listos
a responder.

Comentario:
Inaccesible es aquel
que se cierra en sí mismo
en la fe, el mundo psíquico,
donde una imagen de poder
protege – ¡no de la violencia
sino de su poder!

Nota al pie:
El anfiteatro grita
como una olla. El alarido
no alcanza al yo,
que ve su hogar
destruirse y morir,

pero confía en el alma,
que es invisible y eterna
¡Y por eso ni siquiera
necesita existir
para vencer!

RESISTIR

Las palabras callaron, pero
persistió el rostro.
Estaba cansado como
una estatua, que se mantiene
erguida solo por
la pesada piedra
en sus miembros, pero
su rostro pensaba

en la palabra resistir
y entonces, preso
del concepto, cerrado
en su calambre,
ya no pudo ser
quebrado.

PENSAMIENTO TARDÍO

Los viejos se defienden
contra las derrotas prolongadas
de la vejez. Cada anochecer
se retiran a la noche
con el trofeo triunfal: la memoria
de otro día más.

LISTO

Los poemas sobre los muertos nacen
de nuestra nostalgia de huir de eso
que ya no puede ser salvado
o cambiado. Aquí sabemos
que la enfermedad y la muerte esperan
fuera de las bambalinas del día cotidiano
contra el destino, pero allí está el relato
listo, y no puede

ser amenazado. Todo ha pasado
y se conserva, intacto
y libre nos siguen los muertos
por piadosas y apasionadas
praderas, hacia adentro de su calmo,
solitario poema.

EL RUEGO

Los humanos no huyen
cuando ruegan, sino que
intentan con coraje
acostumbrarse
a que van a morir. Dios
es la muerte.

COMO

Un actor sonríe
con más claridad. Lo llena todo
con su sentido. Inmóvil
como una tumba de pie
observa los globos
hasta que pasan como piedras
bajo el cielo. De muchos siglos
queda nada: están
enterrados. Pero aquí está aún
su rey, pesado como un rito,
liviano como una visita, ¡resistente
como una lección! Nada

nos rodea con sus
estrellas luminosas, cuando
caminamos dubitativos
a casa del teatro
sobre la escena vacía
de la realidad.

MOTIVO

No hay
justicia, pero
sustituimos la falta
con caridad.
Bondad es
resignación.

¿PODER?

Poder es carencia. Quien obtiene
poder, debe dar sus días.
De noche le cuesta
alcanzar el sueño protector.
Después es desgastado
y desaparece en su poder.
El corazón es solo una ceremonia
rítmica en el fondo,

cuando él cada mañana
deja el día sobre el altar
donde la hora o decisión
siempre trata de otras
vidas
humanas.

EN UN CAMPO DE EXTERMINIO

Con amable conversación banal protegemos
el día cotidiano de alrededor contra
sus enemigos los sentimientos y
pensamientos, pero el moribundo
quiere ver las fotografías, y ellas
muestran los rostros, que parecen
pensamientos, fijas en su álbum
con una mezcla de
pegamento y sentimientos.

Doce horas restaban, cuando
él cerró el libro y dijo:
"La verdad es solo una opinión.
También la mentira existe: ella no
es mentira. Fuimos
felices."

TRES ARQUETIPOS

El mendigo deambula
por los sueños insonoros
sin poseer otra cosa
que el espacio, que al final
lo mata con
la nada. En otros

sueños el héroe se acerca
amenazante, pero la huida es
una amabilidad, a la que él no
responde, y por esto
se detiene junto a los muros:
el crimen no conduce a nada

contra la defensa. A veces descansa
un santo en el sueño, suave
y grande como un perfil
de nube, pero él no ha
nacido del hambre o del juego
sino de los días

de lectura, débiles como susurros
o felicidad.

PRIMAVERA

LA PROTECCIÓN

Bajo los minutos grises
de la mañana de primavera vi
los movimientos indiferentes
y por eso decisivos
de un sembrador. El día cotidiano
mitiga el drama
estéril, sentimental,
hasta que resistimos

la increíble, suave violencia
de la primavera y de la muerte
sin angustia ni
libertad. La vida es
nuestra manera de protegernos
contra ello.

NADA

"Var lugn, mitt barn, det finns ingenting".
"Calma, niño mío, no hay nada".
(Edith Södergran)

Nada puede ser
visible y denegado.
Exige todo, y
lo protege por siempre.

Cuando los años están como
un bosque plantado
a tu alrededor, sin
sombras ni sueño, entonces

¡recordarás, cual niño prematuro,
sin mística ni rito,
cómo el único espacio
espera interminable!

LOS ALCES

Los alces parecen esculturas
de sombra. La oscuridad bajo los árboles
colorea sus seres. Verlos
pasar a través de la hierba
 y luz de las praderas, oscuros, silenciosos
locos del indomable
desarrollo, es ver
que todo es una trágica
fiesta. ¿Como podría una fiesta
tener otro sentido
que su riqueza?

ENTONCES

Fuerzas que pasan, casi
siluetas, avanzan a través
de la pausa nocturna. No ven
con el papel no escrito
que les llena los ojos. Son
indiferentes y lentas
como esclavos o cuerpos.
Van camino a una puerta

sin casa, y van
a desaparecer, pero sucede
que beben como animales vacíos,
no agua sino tiempo, y entonces
momentáneamente se detienen. Es entonces
que otra cosa es creada.

PODER

Después de la lucha de liberación
se construyeron nuevas cárceles.
El poder es más fuerte
que los que lo detentan.

CORTE

Afuera está la noche de primavera
con sus seres y
recuerdos. En la mesa esperan
las hojas, blancas de papel. El agua
sale del grifo como frío
acero. Todas las noches se incluyen
en la misma gran noche,
una sociedad afuera
del sistema y los días,
donde el cansancio es un regazo
común sin fondo. Veo
su cabello como una delgada
aureola de humo gris contra
la luz de la lámpara nocturna. Llenamos
las horas en humilde
espera, que en realidad
es existencia, es decir
ruego.

ENCUENTRO ENTRE
TÚ Y EL OTRO

Tú esperas, solo y peligroso,
una fuerza sin rostro
que busca como piedra o como muerte
en el Pensamiento del Otro. Nunca has
dejado la materia,
donde el reflector
de ceniza gris de la conciencia
tantea sin ver. El Otro

piensa, pero la capacidad de pensamiento es
amo, no instrumento; nunca puede
descansar. La conciencia
no era don alguno; eso
exigía él. Sin palabras, como ojos animales
se encuentran al final
en la meta:
yo.

IMAGEN

Inútilmente suplicó
por paz, cortinas
contra la luz. Él vio
al sufriente sufrir
hasta que ella desapareció
en su animal. Fue
entonces cuando eligió huir,
modo de someterse
a la persecución. Cuando
se detuvo, con el cuerpo
como basurero de comidas
y la conciencia destruida
como un camino primaveral, el poema
fotografió su vida. Las líneas
vacías mostraron que nadie
había pasado aún.

A UN JOVEN COLEGA

Cada ser recién nacido es
una victima; luego de la
suavidad de la nada, ahora lo rodean
gritos y rocas.
Elija éste
resistencia o derrota
él debe parecerse a su enemigo.
Él intenta infiltrar
esa indiferencia que lo mira
con estrellas y ojos,
pero luego de un tiempo, ya
no emite mensaje alguno. ¡Entonces,

justo entonces, cuando ha
enmudecido, cuando todo
está claro y terminado
como una novedad,
comienza el poema!

LLAMADO DE ATENCIÓN

Dijo: Elude el fin
del relato; es
fanatismo no perderse
nunca un latido de corazón,
transformar siempre
una posibilidad en plan,
una sospecha en palabras.
Él dijo: ¡Elige
la libertad de la pausa,
horas profundas
como años!

VIDA DE CAFÉ

El viejo poeta habla
claramente, como si la forma
fuese posible también cuando
uno ha hecho campamento dentro
de una conversación de café:

"Nuestra generación carga con
una culpa especial, porque
nosotros protestamos.
Protestar contra
lo terrible lo convierte
en una alternativa, así como
también la prohibición
del legislador hace el hecho
real. Alguno ha
elegido, y descartó
el permiso. ¡Ese
existe!"

El viejo artista asiente
para alejar lo dicho
de sí. Él es
demente, pero llegará a ser
inalcanzable recién cuando ya ningún gesto
detenga las palabras junto
a sus fronteras.

DE UNA CONVERSACIÓN FINAL

Amigo mío, no tiene sentido
temer. Cuando la muerte llega
es suave como soledad.
Una tempestad de pájaros del Norte
pasan entre el ahora y el futuro,
entran al viento de la suerte, un cálido
ángel invisible que los alcanza
sin exigencia ni victoria.

Noches del Mar de Bottnia *es la versión española íntegra del libro*
Bottniska nätter *de Gösta Ågren,*
Editorial Söderströms, Helsinki, Finlandia, 2008
Publicado con la autorización del autor en base a contrato editorial

www.ingramcontent.com/pod-product-compliance
Lightning Source LLC
Chambersburg PA
CBHW061154040426
42445CB00013B/1680